Usborne

초등 1학년이 꼭 알아야 할 지구와 세계

앨리스 제임스 글, 스테파노 토그네티 그림

앨리스 리즈, 조이 레이 디자인

페니 콜트만 전문가 감수

신인수 옮김

차례

이 책에서 다루는 주제들이에요.

 4 지구에 오신 것을 환영해요

 8 우주 속 지구

 10 땅과 바다

 12 일곱 대륙

 16 다섯 대양

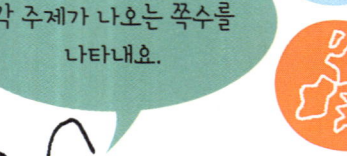

숫자는 각 주제가 나오는 쪽수를 나타내요.

 18 세계 각 나라

 22 도시와 촌락

 30 세계의 자연환경

 40 세계의 기후

지구에 관한 정보를 더 많이 얻고 싶다면?

어스본 바로가기(usborne.com/quicklinks)에 방문해서 검색창에 'All you need to know about Our World by age 7'을 입력해 보세요. 세계를 탐험하고 야생 동물을 볼 수 있는 웹사이트와 지구를 보호할 방법이 담긴 영상, 가상 체험, 퀴즈, 게임을 찾아볼 수 있어요. 어린이가 인터넷을 사용하는 동안 보호자가 옆에서 지도해 주세요.

나는 잠자리예요. 나와 함께 전 세계로 모험을 떠나요!

 **48 화산과 지진**

 **56 지도 만들기**

 **58 지도 읽는 법**

 **62 어디에 살고 있나요?**

 **66 지구 환경 돌보기**

여기에는 우리가 이 책에서 방문하는 모든 나라가 나와 있어요.

 **72 세상을 변화시키는 방법**

 **74 세계 국기와 수도**

 78 낱말 풀이

 **80 찾아보기**

'차례'에서 원하는 주제를 찾을 수 없다면, 80쪽 '찾아보기'를 살펴보세요.

지구에 오신 것을 환영해요

아래 둥그런 공이 우리의 집이에요. 아주 특별한 곳이지요.
바로 **지구**라는 행성이에요.

70억 명이 넘는 사람이
지구에서 함께 살아가요.

지구에는
온갖 다양한 동식물도
함께 살고 있어요.

수천 수백만 종의
벌레도 있죠!

또한 지구에는
땅과 바다, 숲과 산 같은
놀라운 환경이 있어요.

인간이 아는 행성 가운데 생명체가 사는 곳은 오직 지구뿐이에요.
그러니까 지구를 잘 보살펴야 해요.

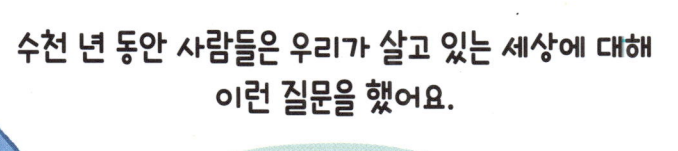

시간이 흐르면서 사람들은 세상에 대해 점점 더 많은 것을 발견했어요.
새로 알게 된 사실을 전하기 위해 다음과 같은 방식을 사용했어요.

지구본

지구본은 지구를 작게 본뜬 모형이에요.

지구본은 지구 전체의 모습을 담아냈어요.

지도

지도는 지구본을 납작하게 만든 거예요.
그러면 읽기도 편하고 가지고 다니기도 쉬워요.

어떤 지도는 **전 세계**를 다 보여 줘요.

요즘은 많은 사람이 스마트폰의 지도를 보고 찾아가요.

바로 여기야!

어떤 지도는 일부만 확대해서 나타내요. 이 지도는 어느 마을의 거리를 보여 주죠.

내 지도는 정말로 작게 접을 수 있어요.

지도와 지구본에 대해서는 56~61쪽에서 더 자세히 알아보아요.

데이터

우리가 사는 세상에 대한 정보를 **데이터**라고 불러요.
정보는 현장 조사를 해서 수집해요.
현장 조사란, 밖에 나가서 질문하고 답을 찾는 활동이에요.
현장 조사를 하는 방법은 여러 가지예요.

사람들에게 질문하기

사람들이 어디에 사는지 알아보려고 해요.

단독 주택에 사나요, 아파트에 사나요?
단독 주택 ||||| |||
아파트 ||||| ||

이런 방법을 **설문 조사**라고 해요.

측정하기

비가 얼마나 많이 내리는지 측정해요.

자연 살펴보기

강을 따라서 바다로 가는 중이에요.

세계에 대해 연구하는 학문을 **지리학**이라고 해요.
지리학이 다루는 내용을 살펴보세요.

사람들이 주변 세상을 바꾸는 방법

언덕이나 강 같은 자연 지역

우주 속 지구

지구는 우주에 있는 여러 행성 중 하나예요.
우주에서 본 지구의 모습이에요.

태양
태양은 우리에게 따뜻한 열과 빛을 줘요.

지구

파란색 부분은 **물**이에요.

초록색 부분은 **땅**이에요.

군데군데 흩어져 있는 건 하늘에 떠 있는 구름이에요.

흰색 부분은 얼음이나 눈으로 덮인 거예요.

달

지구의 맨 꼭대기와 맨 아랫부분은 얼음으로 뒤덮여 있어요. 태양의 열기가 닿지 않기 때문이에요.

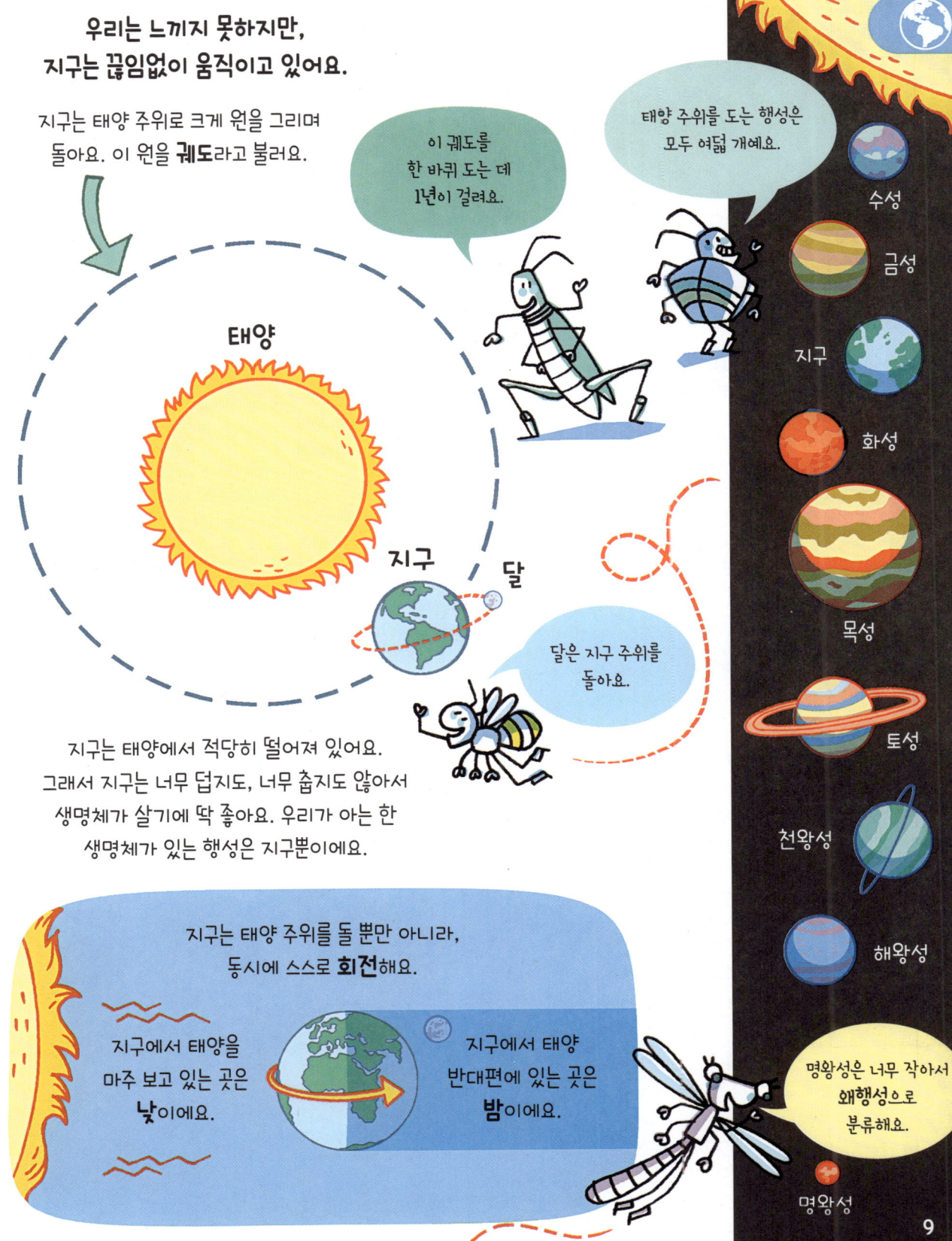

땅과 바다

전 세계의 땅은 크게 일곱 덩이로 나뉘어 있어요. 이 덩이를 **대륙**이라고 불러요.
바다는 크게 다섯으로 나뉘는데, 넓게 펼쳐진 바다를 **대양**이라고 불러요.

북극해

태평양

대서양

북아메리카

남아메리카

이쪽으로 가면 아시아 대륙

지구는 공 모양이기 때문에, 실제로 이쪽 끝은 둥글게 휘어져서 반대쪽 끝과 만나요.

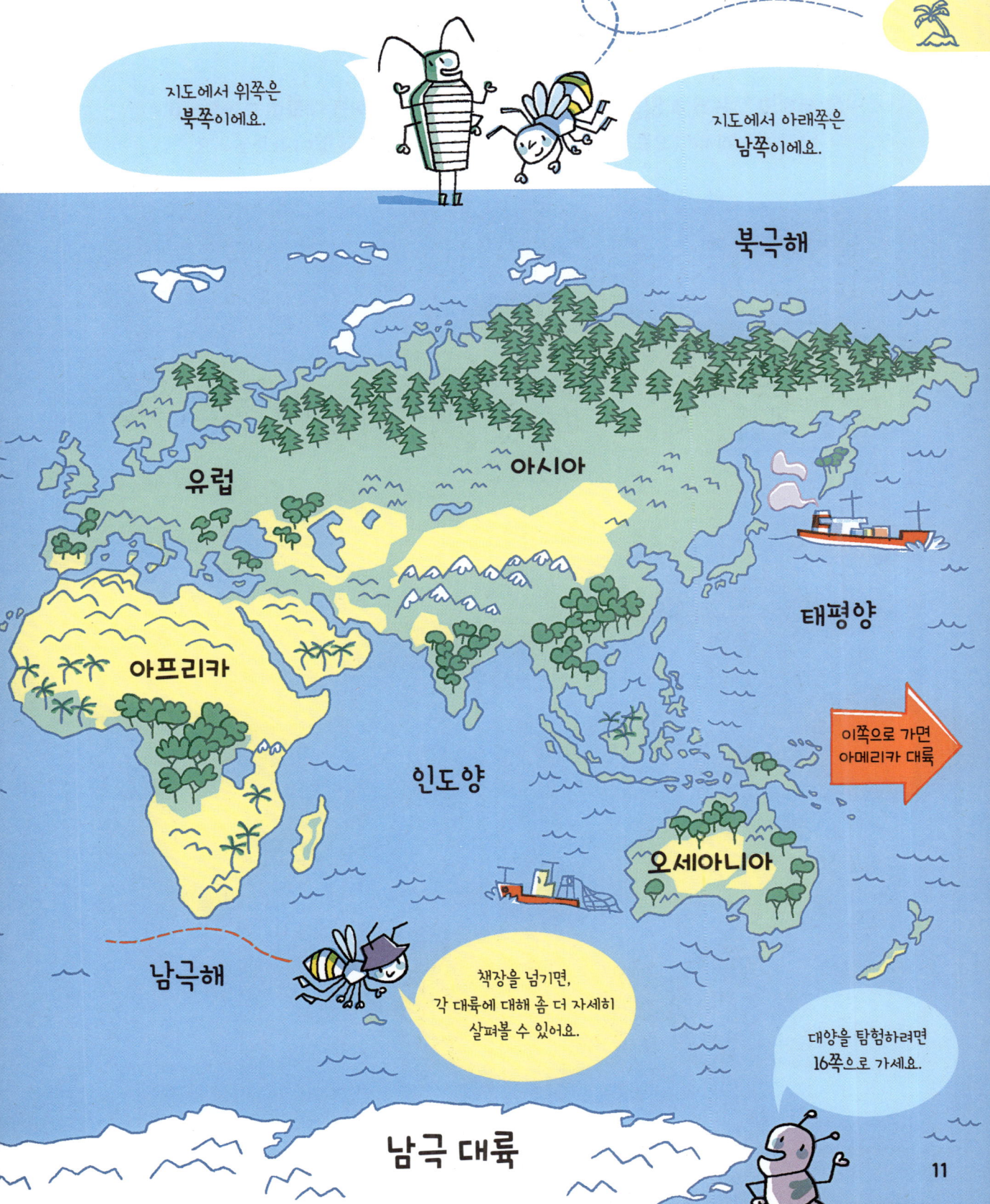

일곱 대륙

대륙은 거대한 땅덩어리예요. 대륙은 각각 그곳에서 사는 사람들의 영향을 받아 변화해 왔고, 대륙마다 고유하고 멋진 자연과 야생 동물들이 있어요.

여러분은 자신이 어느 대륙에 사는지 아나요?

다음에 나오는 대륙 중 어느 곳에 있는지 살펴보세요.

여러분이 사는 곳 주위에는 무엇이 있나요?

아시아

아시아는 **가장 커다란** 대륙이에요. 이곳에는 번화한 도시들이 있고, 다른 대륙보다 사람들이 많이 살아요.

대한민국 서울

중국 상하이

수많은 동물도 살고 있어요.

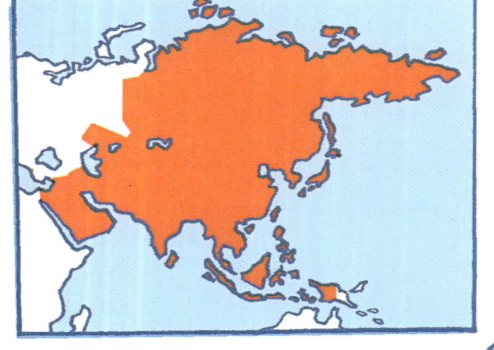

중국의 판다

인도의 호랑이

세계에서 가장 높은 산이 아시아에 있어요.

에베레스트산

아프리카

아프리카의 동물들은 뜨거운 사막과 초원, 진흙투성이 강둑과 찌는 듯한 정글에서 살아요.

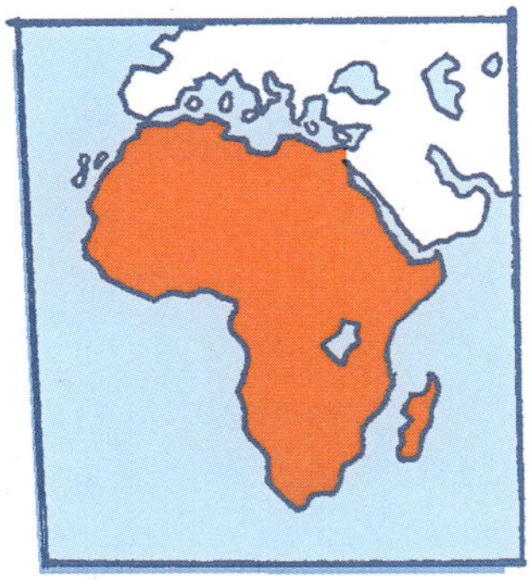

인간은 맨 처음에 아프리카에서 살았어요.

아프리카에는 웅장한 고대 기념물이 남아 있어요.

사자

아프리카흑따오기

얼룩말

기린

이집트 피라미드

나일강

유럽

유럽에는 오래된 도시와 새로운 도시 등 다양한 도시가 있고, 역사적인 건물과 장소가 많이 남아 있어요.

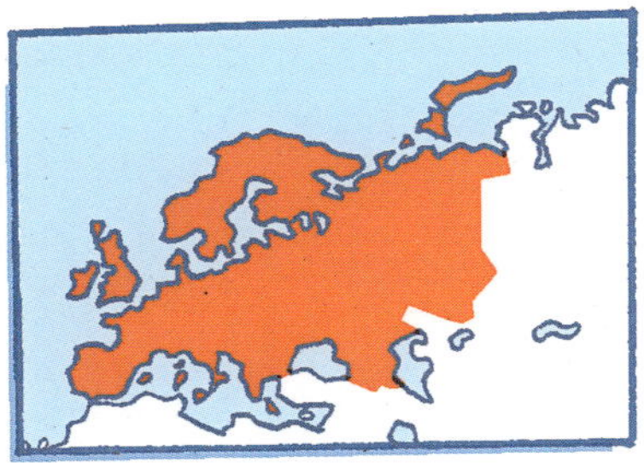

먼 북쪽 지역은 몇 주 동안 캄캄하고 무척 추운 시기가 있어요.

그리스 파르테논 신전

스웨덴 북쪽의 북극 지방

순록

프랑스 에펠탑

북아메리카

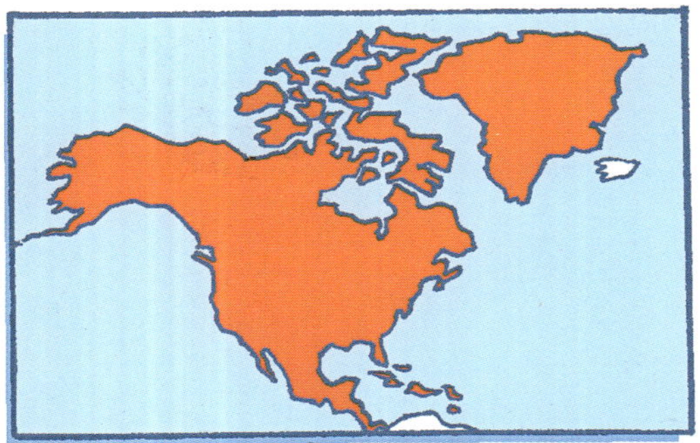

북아메리카 대륙에는 높은 산과 넓은 호수, 세상에서 가장 큰 나무들이 있어요.

크고 번화한 도시들도 있지요.

미국 뉴욕

흰머리수리

무크순바다숲

자이언트 레드우드 (미국삼나무)

남아메리카

재규어

남아메리카 일부 지역은 열대 우림으로 덮여 있어요.

카피바라

앵무새

아마존강

페루 마추픽추

남아메리카에는 긴 강이 흐르고, 고대 도시와 사원이 있어요.

오세아니아

오세아니아는 바다로 둘러싸인 수많은 **섬**으로 이루어져 있어요.

섬이 1만 개 넘게 모여 있어요.

이곳에는 숲과 사막, 모래 해변이 있어요.

호주 본다이 비치

코알라

캥거루

남극 대륙

남극 대륙은 얼음으로 뒤덮여 있어요.

펭귄

지구에서 바람이 가장 많이 부는 곳이에요.

바다표범

몇몇 과학자들은 얼음을 연구하러 가요. 으으으!

동물 몇 종류만 살 뿐, 사람은 살지 않아요.

15

다섯 대양

지구에 있는 대양은 거대하고 짭짤해요.

북극해

북극해는 지구의 가장 북쪽 부분을 뒤덮고 있어요. 대양 중에서 가장 **작고**, 가장 **차가워요**.

태평양

세상에서 가장 **넓은** 바다예요. 땅을 모두 합친 것보다 지구를 더 많이 차지하고 있어요.

대서양

대서양은 두 번째로 큰 바다예요. 지구 표면의 **4분의 1**을 뒤덮고 있어요.

인도양

인도양은 대부분 지역의 바닷물이 **따뜻해요.** 아름다운 산호초가 살고 있어요.

남극해

남극 대륙을 둘러싼 바다예요. 얼어붙은 빙산이 점점이 떠 있어요.

바닷물은 짜서 마실 수 없어요.

하지만 수영은 할 수 있어요!

예전에는 얼음이 훨씬 더 많았지만, 지구가 점점 따뜻해지면서 얼음이 녹고 있어요.

바다코끼리

바닷속에 **마리아나 해구**가 있어요. 세계에서 가장 **깊은** 곳이에요.

깊고 어두운 해구를 탐험한 사람은 달을 탐사한 사람보다 더 적어요.

차갑고도 거칠게 일렁이는 바다는 큰 무리를 이루는 물고기들에게 아주 좋아요.

고등어

대서양가자미

맹그로브라는 나무가 바닷물에서 자라요.

맹그로브

고래들은 따뜻한 물에서 새끼를 낳으려고 수천 킬로미터를 이동해요.

혹등고래

얼음처럼 차가운 물에 물고기가 가득해요. 대왕고래는 크릴새우라는 작은 생물을 꿀꺽 삼켜요.

대왕고래

크릴새우

17

세계 각 나라

세계의 대륙은 수많은 나라로 나뉘어 있어요.

남아메리카는 아래와 같이 나뉘어요.

에콰도르, 콜롬비아, 베네수엘라, 가이아나, 수리남, 페루, 브라질, 볼리비아, 파라과이, 칠레, 아르헨티나, 우루과이

- 남아메리카 대륙에는 12개의 나라가 있어요.
- 지도에 그려진 선은 각 나라의 국경을 나타내요.
- 나라마다 크기와 모양이 달라요.
- 나라마다 그 나라를 책임지고 운영하는 정부가 있어요.

Q. 다음 질문에 답해 보세요.

A 남아메리카에서 가장 큰 나라는?

B 바다에 접하지 않은 나라는?

정답: A. 브라질, B. 파라과이, 볼리비아

나라마다 **국기**가 있어요.

에콰도르

아르헨티나

브라질

나라마다 사용하는 돈의 종류, 즉 **화폐**가 달라요.

에콰도르
미국 달러
서로 다른 나라가 같은 화폐를 쓰기도 해요.

아르헨티나
아르헨티나 페소

브라질
헤알

나라마다 **언어**가 달라요.
한 나라가 여러 언어를 쓰기도 하고,
한 언어를 여러 나라가 쓰기도 해요.

에콰도르
부에노스 디아스 (좋은 아침이야!).
스페인어

아르헨티나
부에노스 디아스 (좋은 아침이야!).
스페인어
세계 20개 나라에서 스페인어를 공용어로 써요.

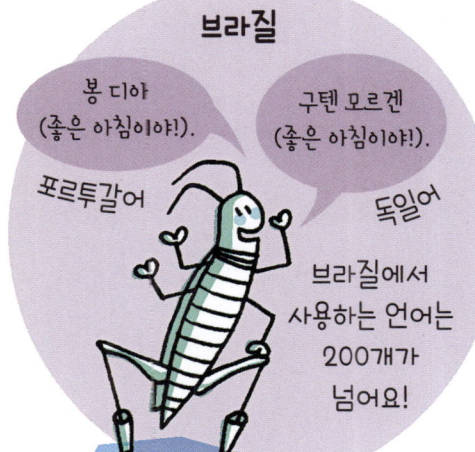
브라질
봉 디아 (좋은 아침이야!).
구텐 모르겐 (좋은 아침이야!).
포르투갈어
독일어
브라질에서 사용하는 언어는 200개가 넘어요!

잠자리는 여러 나라를 돌아다니며 많은 것을 알게 되었어요.

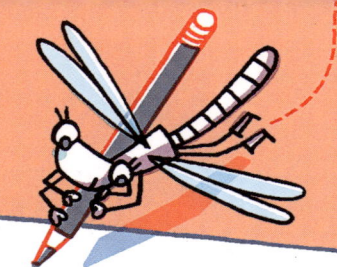

이탈리아

차오(안녕)! 여기는 이탈리아야.
나는 이번 주에 맛있는
피자랑 파스타를 많이 먹었고,
으리으리한 건물들도 많이 봤어.

피자값은 유로로 냈어.
유럽의 다른 곳에서도 쓸 수 있을 만큼
돈이 남아서 다행이야.

잠자리가

인도네시아

우아, 여기서 얼마나 많은 섬을
돌아다녔는지 몰라!
바닷물은 따뜻하고 물고기가 가득해.

모두가 인도네시아어를 쓰지만,
다른 언어도 700개가 넘어. 놀랍지?

슬라맛 팅갈!('안녕히 계세요!'라는 뜻이야.)
잠자리가

네팔 히말라야산맥

안녕?
네팔에서 거대한 산을
아주 많이 봤어!
산들이 구름보다도 더 높아.

네팔 국기는 직사각형이 아니라는 사실을
알고 있었니?

그럼 다음 여행 때까지, 안녕!
잠자리가

모든 나라에는 **수도**라고 부르는 주요 도시가 있어요.
그 나라의 통치 기관이 있는 곳이지요.

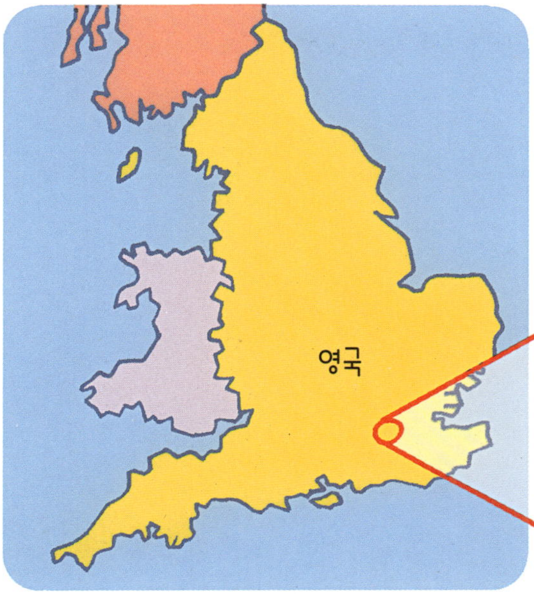

수도에는 종종 유서 깊은 중요한 건물에
그 나라의 **정부**가 자리하고 있어요.

영국

영국의 수도는 런던이에요.

수도는 그 나라에서
가장 큰 도시일 때가 많지만,
항상 그렇지는 않아요.

여러분 나라의 수도는 어디인가요?

🔍 여러분도 자신이 사는 나라를 소개하는 엽서를 직접 만들어 보세요.

남아프리카 공화국

잠자리에게

엽서 뒷면에
여러분의 나라가
어떤 곳인지
써 보세요.

21

도시와 촌락

사람들이 사는 곳을 **거주지**라고 해요.
거주지는 번화한 큰 도시부터 작고 조용한 촌락까지 다양해요.

대도시

대도시는 다양한 거주지 중에서 가장 크고 번화한 곳이에요.

큰 도시에는 사람들이 사는 집과 사무실, 그 밖에 다양한 일에 쓰이는 건물들이 있어요.

아파트 단지

기차역

상점

공원

성당

사원

대도시에서는 수백만 명이 넘는 사람들이 가까이 모여 살아요.

주택

박물관

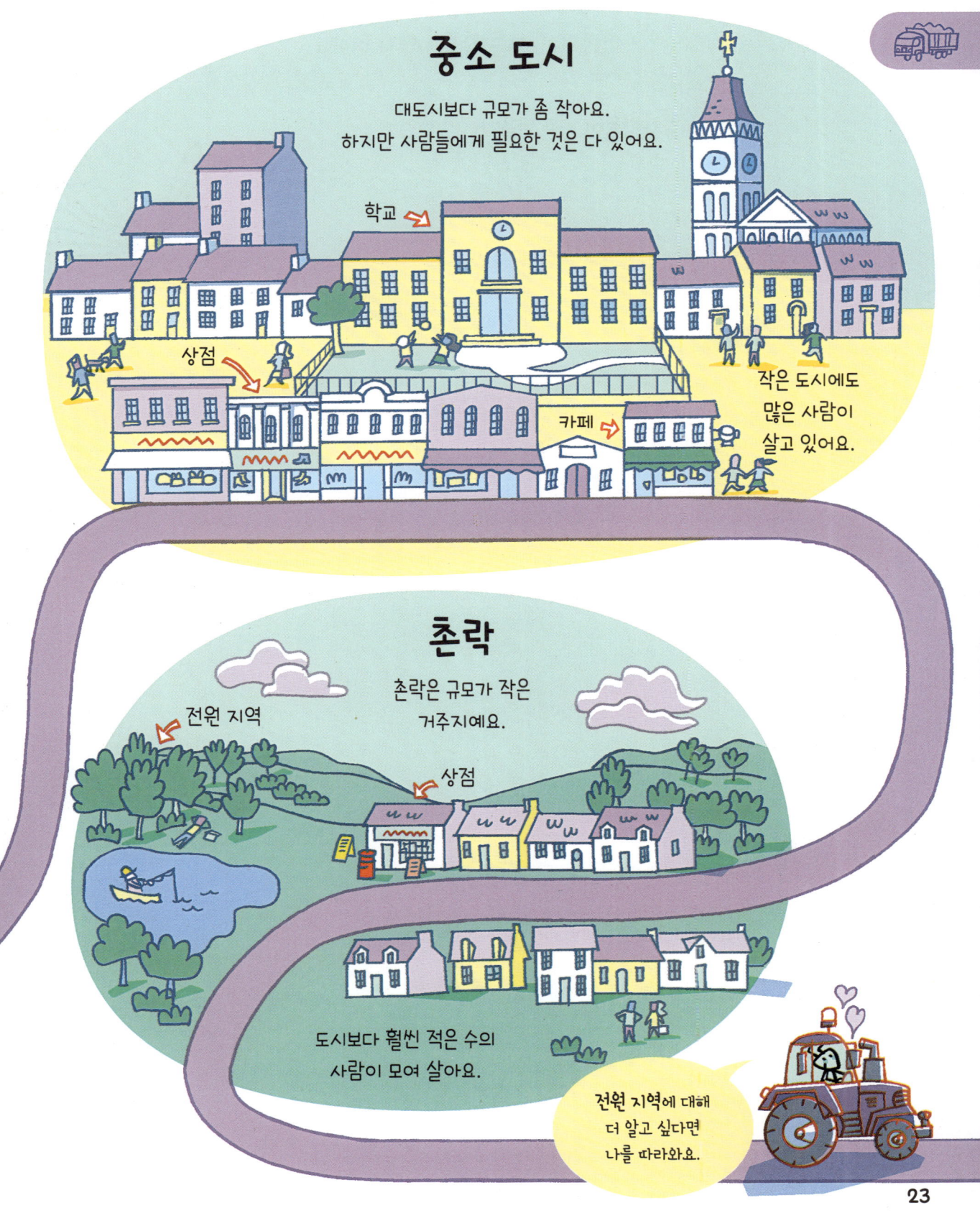

전원 지역에는 건물이 많지 않아요.
사람들은 식량을 재배하기 위해서 종종 땅의 모습을 바꾸어요.

농장

네덜란드에 있는 농장에서는 똑같은 식물을 줄을 맞춰 재배해요.

빵의 재료가 되는 밀

사람이 먹기 위해 재배하는 식물을 **작물**이라고 해요.

농장

양배추

도로가 전원 지역과 중소 도시, 대도시를 이어 줘요.

동물들이 넓은 풀밭에서 풀을 우적우적 뜯어 먹고 있어요.

젖소

음매

매애애

양

24

세계 여러 지역에서 다양한 **농작물**을 재배하고 **가축들**을 키워요.

뉴질랜드의 양

태국(타이)의 쌀

말리의 수수

러시아의 귀리

에티오피아의 커피

전 세계 육지의 10퍼센트가 식량 재배에 쓰여요.

사람들은 더 많은 농장을 만들려고 계속해서 자연을 파헤치고 있어요.

스페인의 포도

브라질의 소

전 세계의 거주지는 다양한 교통 경로로 서로 연결되어 있어요.
교통 경로들은 땅과 바다와 하늘을 가로질러 나 있고, 여러 교통수단이 오가요.

비행기

비행기는 여러 나라를 넘나들며 사람들을 실어 날라요.

트럭

트럭이 음식을 가득 싣고 슈퍼마켓으로 가고 있어요.

부릉부릉

기차

기차는 공장에서 만든 물건이 가득 담긴 상자를 실어 나르고 있어요.

배

부우웅

물건이 가득 담긴 상자는 배에도 실려요.
배는 세계 여러 나라로 갈 거예요.

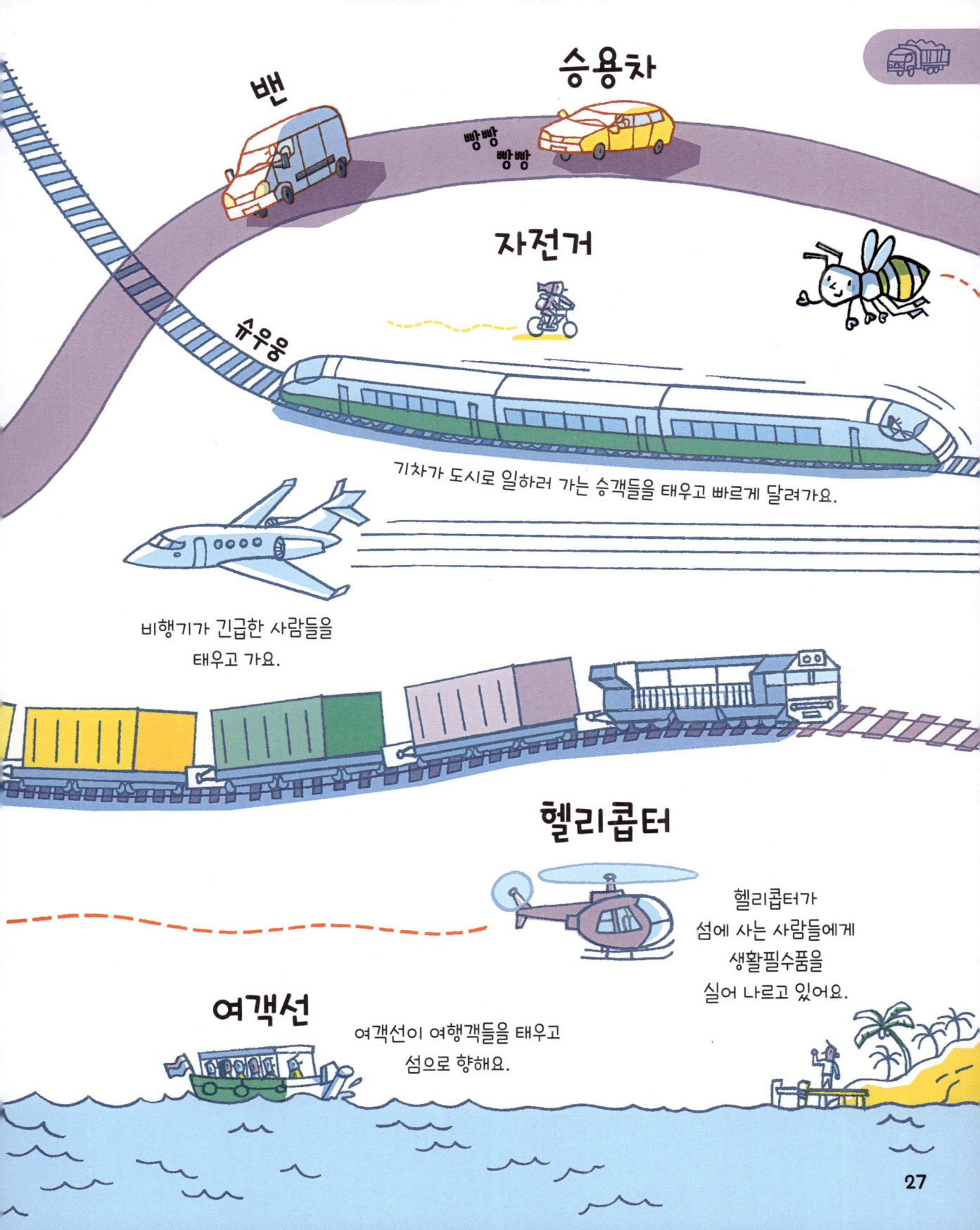

아래의 파이프와 터널을 탐험하면서
사람들이 **땅속**에 무엇을 지었는지 살펴보세요.

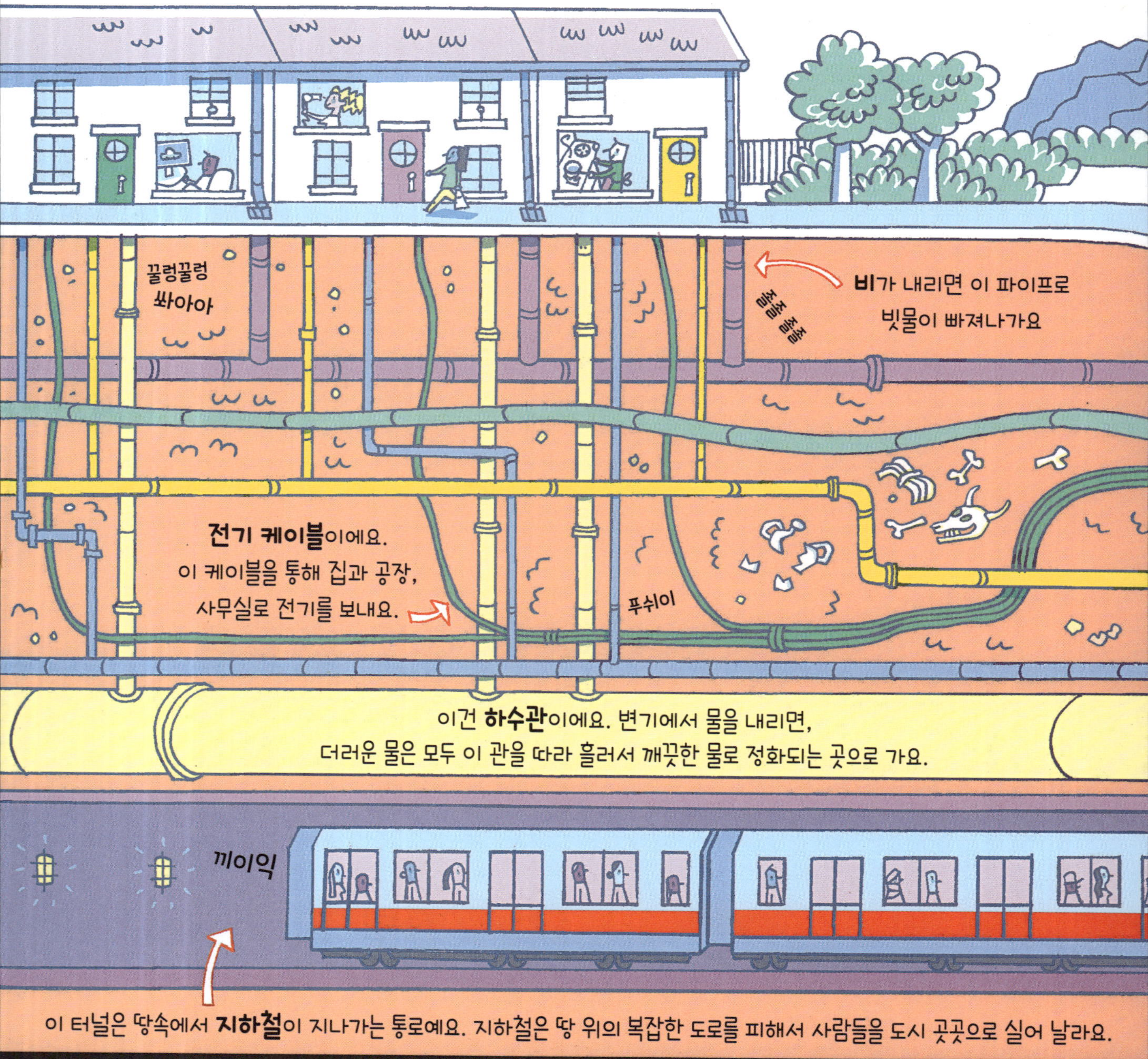

꿀렁꿀렁
쏴아아

비가 내리면 이 파이프로
빗물이 빠져나가요

전기 케이블이에요.
이 케이블을 통해 집과 공장,
사무실로 전기를 보내요.

푸쉬이

이건 **하수관**이에요. 변기에서 물을 내리면,
더러운 물은 모두 이 관을 따라 흘러서 깨끗한 물로 정화되는 곳으로 가요.

끼이익

이 터널은 땅속에서 **지하철**이 지나가는 통로예요. 지하철은 땅 위의 복잡한 도로를 피해서 사람들을 도시 곳곳으로 실어 날라요.

사람들은 땅속에 파묻힌
다양한 것들을 파내요.

점토

금속

보석

세계의 자연환경

지구에는 특색 있는 **자연환경**이 아주 많아요.
잠자리를 따라 세계 곳곳을 둘러보며 어떠한 자연환경이 펼쳐져 있는지 살펴봐요.

가장 먼저 들른 곳은 아프리카 동쪽에 있는 **케냐**예요.
잠자리는 무엇을 발견할까요?

사바나

사바나는 풀로 뒤덮여 있고
나무가 드문드문 자라는 넓은 초원이에요.

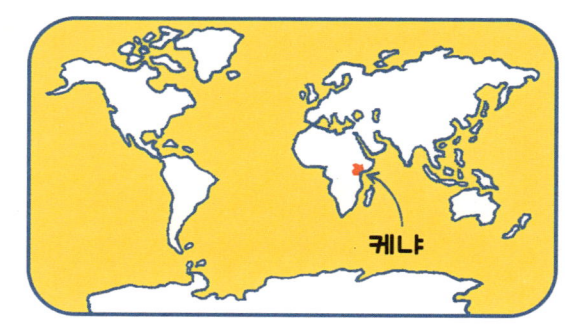

케냐

바오바브나무

아카시아

온갖 종류의
크고 신기한 동물들이
살아요.

기린

얼룩말

바오바브나무는
두툼한 몸통에 물을 많이
저장하고 있어요.

코끼리

코뿔소

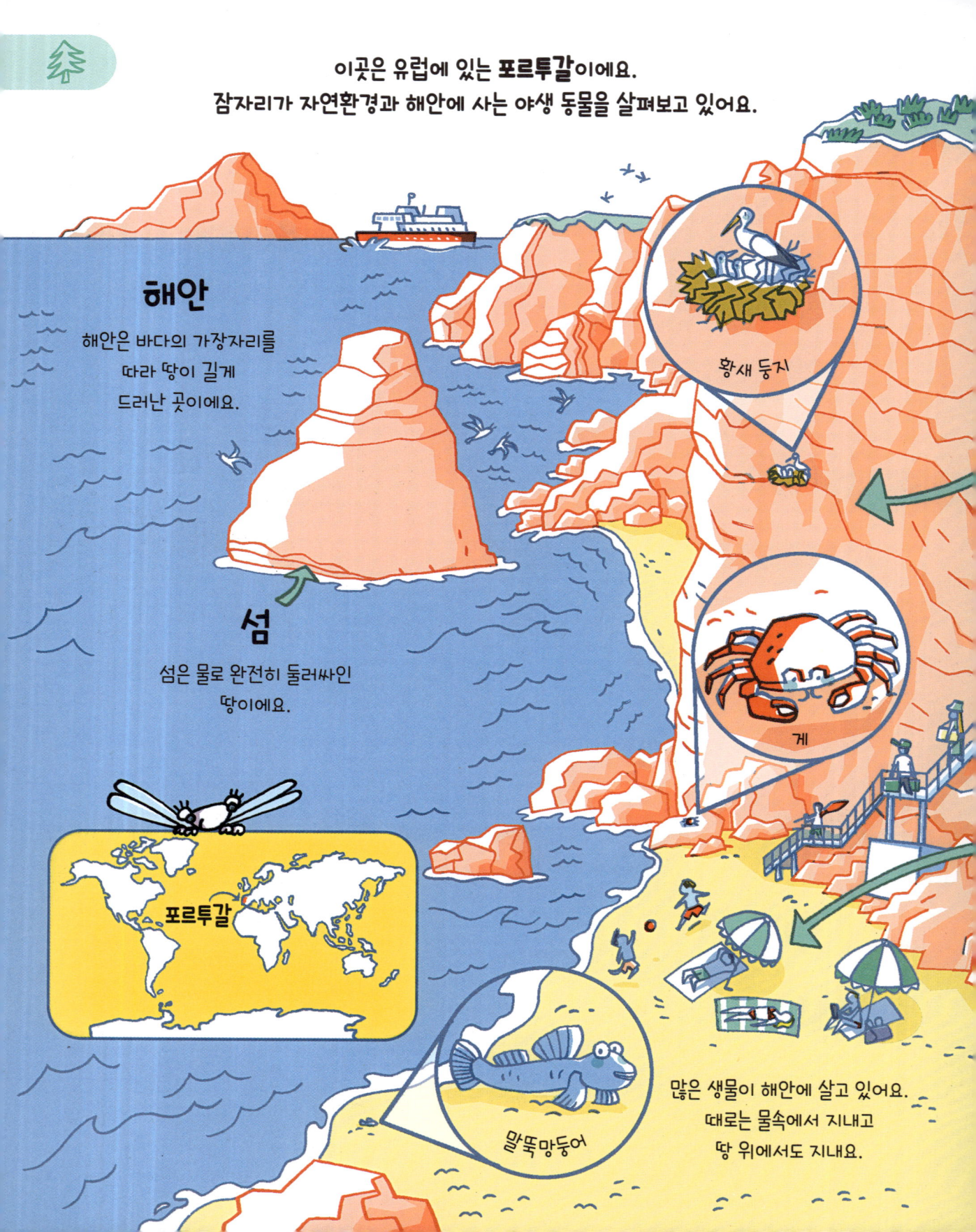

유럽의 먼 북쪽에는 **노르웨이**가 있어요.
이곳에서 잠자리는 굉장히 신기한 자연환경을 발견했어요.

산

삐죽삐죽한 산들은 단단한 바위로 이루어져 있어요.

소나무

어떤 나무들은 바위에서 자라나요.

겨울 동안에는 모든 것이 눈으로 덮여 있었어요.

눈이 녹으면 들꽃이 피어나요.

피오르

피오르는 이렇게 물이 채워진 골짜기를 말해요. 산과 산 사이에 난 좁고 긴 만에 바닷물이 들어와 만들어져요.

연어

마지막으로 들른 곳은 북아메리카에 있는 **캐나다**예요.
잠자리가 어떤 자연환경을 발견했는지 살펴보세요.

숲

숲은 **상록수**로 이루어져 있어요.
상록수는 한겨울에도 초록색을 띠어요.

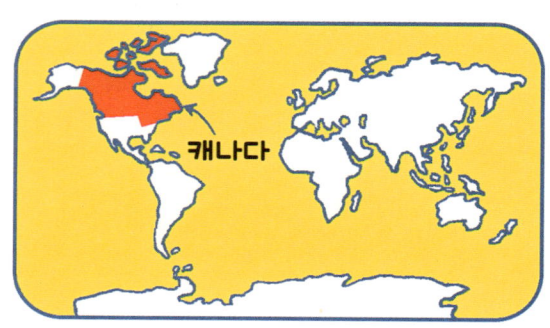

캐나다

캐나다어치

스라소니

나무들은 많은 생물에게
완벽한 보금자리가
되어 줘요.

다람쥐

들다람쥐

호수

호수는 산에 있어요.
겨울에는 꽁꽁 얼어붙어요.

흰머리수리

온천

온천은 뜨거운 물이
땅속에서 솟아 나온 샘이에요.

온천물에는 **황**이라는 물질이 들어 있는데,
마치 썩은 달걀 같은 냄새가 나요.

웩!

너무 뜨거워서
손도 못 대겠어!

따뜻한 물로 만들어진
온천탕이에요.
아, 좋다!

여러분은 어느 곳을
찾아가 보고 싶나요?

여러분이 사는 곳은
자연환경이 어떤가요?

세계의 기후

날씨는 여러 가지 종류가 있어요.
날마다 세계 곳곳에서 다양한 날씨가 나타나요.

햇빛
맑고 더운 날씨 또는
맑고 추운 날씨가 나타나요.

구름
구름은 작은 물방울이나
얼음 결정으로 이루어져 있어요.

구름이 어떻게
무시무시한 폭풍우가 되는지
46쪽에서 알아보아요.

바람
바람은 **움직이는 공기**예요.
때로는 살랑살랑
산들바람이 불지만…

…때로는 강하고 사나운 바람이
불기도 해요. 이런 바람을
돌풍이라고 해요!

비
구름에서
물방울이 떨어져
비가 내려요.

눈
구름 속에서 작은 얼음 결정들이
서로 들러붙으면
눈 결정이 돼요.

우박
우박은 구름에서 떨어지는
얼음덩어리예요.

덩어리가
적어도 이만큼은 커야
우박이라고 불러요.

5밀리미터

덜덜!

특정 지역에서 오랫동안 계속해서 나타나는 평균적인 날씨를
기후라고 불러요.

기후는 세계 각 지역에서 다르게 나타나요.

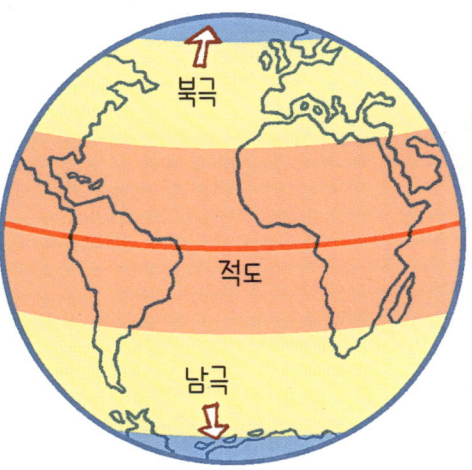

이 지구본에서 같은 띠에 속한 지역은 **기후가 비슷해요**.

과학자들은 기후를 관찰해 앞으로 날씨가 어떨지 예측할 수 있어요.

남극과 북극 주변인 **극지방**은 늘 태양에서 가장 멀리 떨어져 있어서 **추워요**.
너무 추워서 비도 거의 오지 않아요.

적도 근처인 **열대 지방**은 일 년 내내 **더워요**.

극지방과 적도 사이인 **온대 지방**은 기후가 **온화해요**.

겨울에는 춥고…

…여름에는 더워요.

덴마크 수도인 코펜하겐의 겨울

덴마크 수도인 코펜하겐의 여름

대다수 나라에서는 일 년 중 시기에 따라 날씨가 달라요.
일 년을 기후 변화에 따라 구분한 것을 **계절**이라고 불러요.

온대 지방은 기온에 따라 **사계절**로 나뉘어요.

나는 유럽의 온대 지방인 폴란드에서 살아요.

여름
여름에는 덥고, 대개 맑아요. 낮이 길어요.

가을
가을에는 점점 추워지고 낮이 점점 짧아져요.

봄
봄에는 눈이 녹고, 따뜻해져요. 낮이 다시 점점 길어져요.

겨울
겨울에는 춥고, 때때로 눈이 와요. 낮이 짧아요.

잠자리는 날씨와 기후와 계절이 **극한**인 곳으로
탐험을 떠났어요.

미국에 있는 **데스밸리(죽음의 계곡)** 에 가면 뜨거운 환영을 받을 거예요.
이곳은 세계에서 가장 뜨거운 곳이거든요.

여기는 너무 뜨거워서,
한 번에 10분 이상
밖에 있으면 안 돼요.

핀란드 북쪽에서는 몇 달 동안
해가 제대로 뜨지 않아요.

캄캄한 상태에서
점심을 먹어 보기는
처음이에요!

겨울이면 하늘에 이렇게
일렁이는 빛이 나타나요.
이런 빛을 **북극광**이라고 해요.

중앙아프리카에 있는 **콩고 민주 공화국**이에요.

콩고의 외딴 지역에 있는 어느 마을은 거의 날마다 번개가 쳐요.

남극 대륙은 엄청나게 춥고, 엄청나게 건조해요.

남극 대륙의 어떤 곳은 백만 년 동안 비나 눈이 내리지 않았어요.

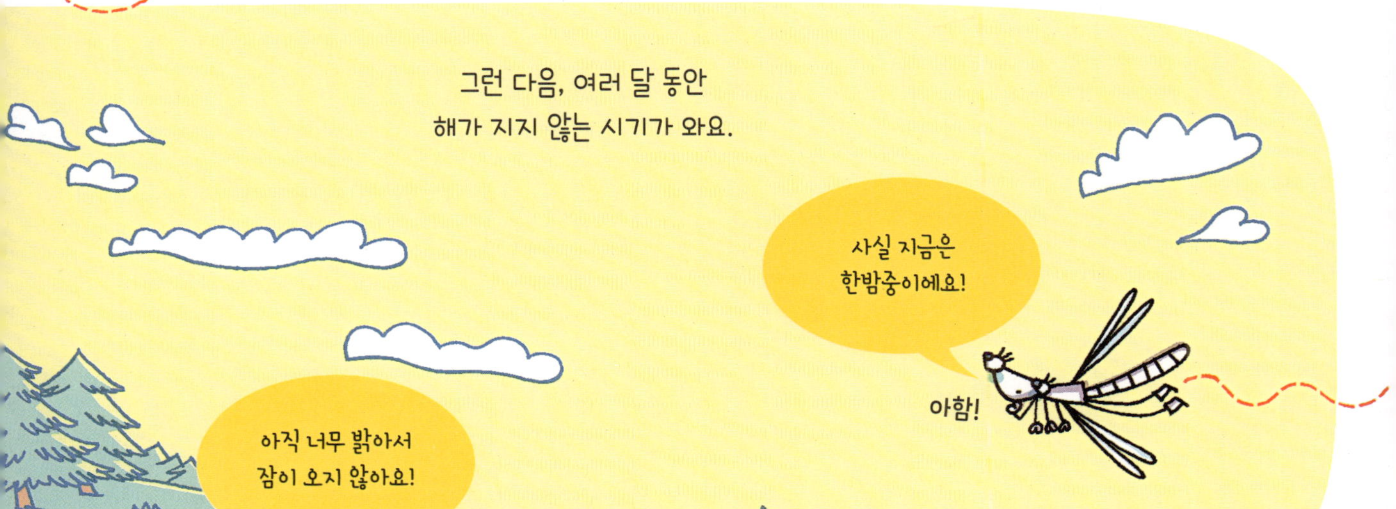

그런 다음, 여러 달 동안 해가 지지 않는 시기가 와요.

사실 지금은 한밤중이에요!

아함!

아직 너무 밝아서 잠이 오지 않아요!

45

판 번개는 구름 사이에서 번쩍번쩍 빛의 판만 보이는 번개예요.

거미 번개는 사방으로 뻗어 나가요.

번쩍하는 번개 불빛을 보고 몇 초 뒤에 천둥소리를 들었는지 세면, 번개가 얼마나 멀리 떨어져 있는지 계산할 수 있어요.

번개와 천둥소리의 간격이 3초일 때, 번개는 1킬로미터 떨어진 곳에서 생긴 거예요.

1, 2, 3…

어떤 폭풍우는 **훨씬 더** 사나워서 아주 빠르게 소용돌이쳐요.

따뜻한 바다에서 생겨나는 강한 폭풍우를…

…**태풍**이라고 해요. 어느 지역에서 발생하는지에 따라 **허리케인**이나 **사이클론**이라고도 불러요.

눈이 엄청 많이 내리는 **눈 폭풍**이에요.

눈이 내리면서 바람이 강하게 부는 것을 **눈보라**라고 해요.

47

화산과 지진

지금도 우리 발밑에서는 땅이 움직이고 있어요.
대개는 우리가 알아차리지 못할 만큼 느리게 움직여요.
하지만 때로는 어마어마한 일이 벌어지기도 해요.

지구는 두꺼운 **지각**으로 뒤덮여 있어요.
지각은 **판**이라고 하는 조각이 여러 개 모여서 이루어져요.

이 지각판들은 퍼즐 조각처럼 서로 맞물려 있어요.

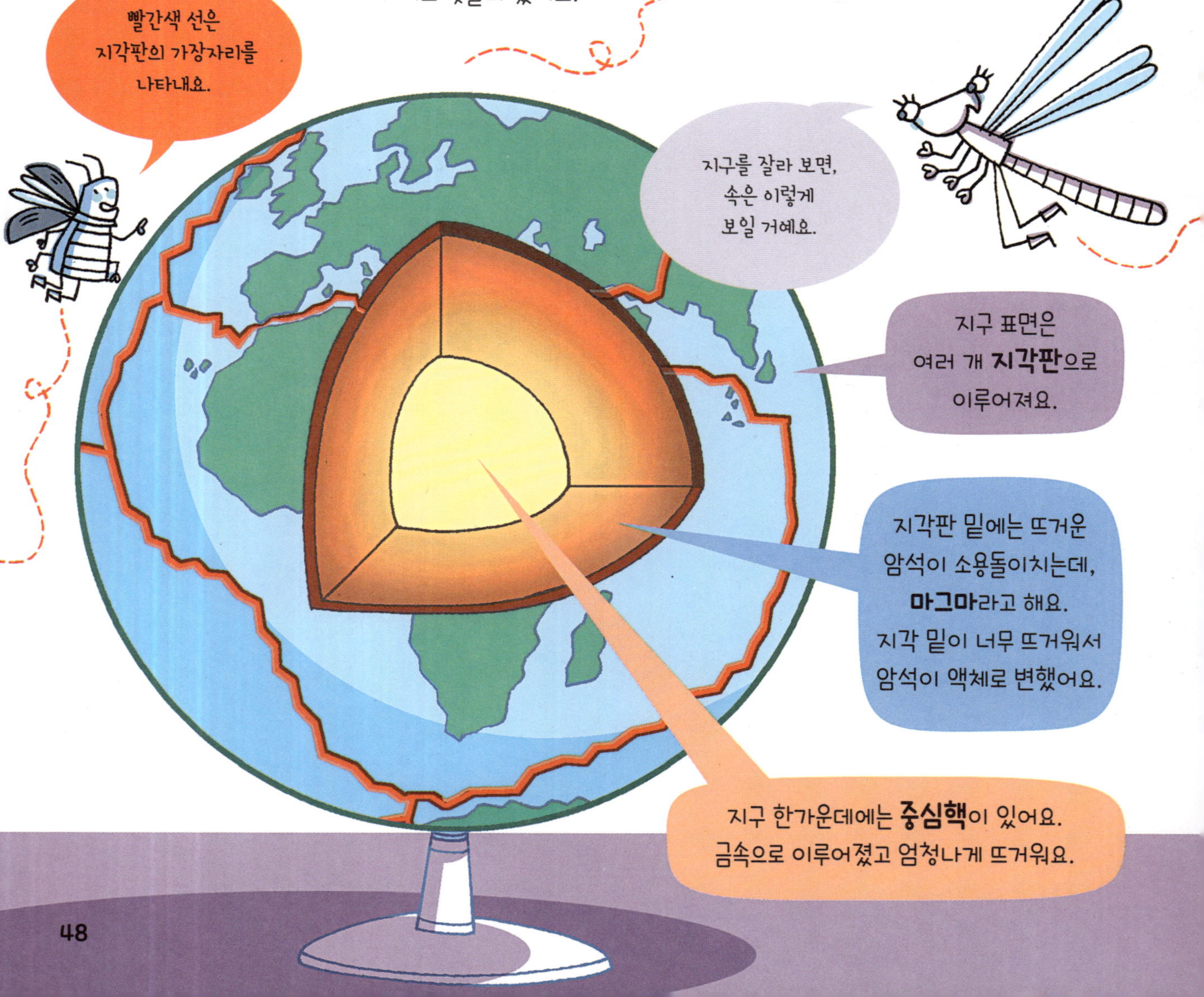

빨간색 선은 지각판의 가장자리를 나타내요.

지구를 잘라 보면, 속은 이렇게 보일 거예요.

지구 표면은 여러 개 **지각판**으로 이루어져요.

지각판 밑에는 뜨거운 암석이 소용돌이치는데, **마그마**라고 해요. 지각 밑이 너무 뜨거워서 암석이 액체로 변했어요.

지구 한가운데에는 **중심핵**이 있어요. 금속으로 이루어졌고 엄청나게 뜨거워요.

지각판은 굉장히 천천히 움직이고 있어요.
매년 3~5센티미터씩 움직여요.

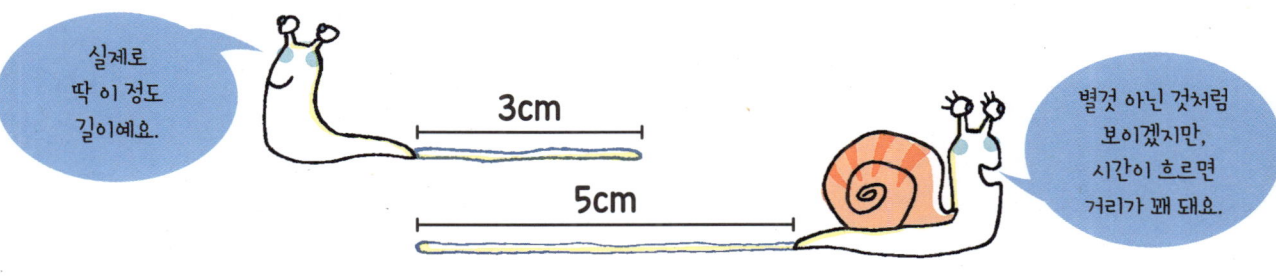

이처럼 작은 움직임도 지각판이 서로 만나는 지점에서는 엄청난 결과를 가져와요.

산

두 개의 판이 서로 밀면,
하나가 위로 밀려 올라갈 수 있어요.
이때 거대한 산들이 생겨나요.

해구

판 하나가 다른 판
밑으로 밀려 내려가면,
바닷속에 깊은 해구를
만들 수 있어요.

지진

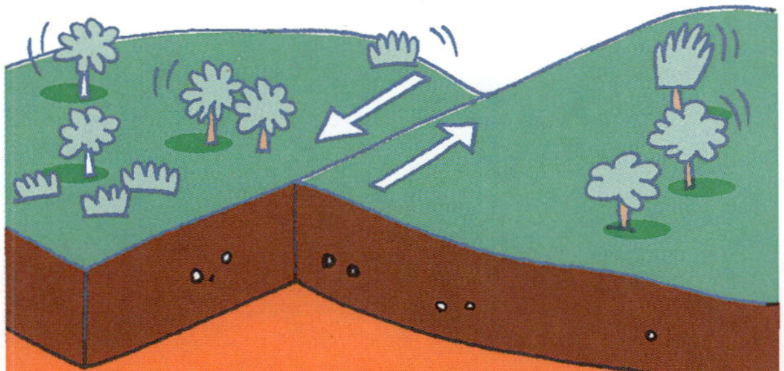

때로는 두 판이 서로 마찰을 일으켜요.
이때 땅이 울리고 흔들리며
갈라지는 지진이 나요.

화산

만약 판들이 서로 떨어지면, 틈이 벌어져요.
그 사이로 마그마가 솟구쳐서
화산이 폭발해요.

화산은 대부분 지각판과 지각판이 만나는 곳에서 발견돼요.

태평양 주위에는 화산이 많아요.
화산이 많이 몰려 있어서
불의 고리라고 불러요.

태평양

크라카타우 화산이에요.

빨간색 선은 판의 경계를 나타내요.
보라색 삼각형은 화산이에요.

크라카타우 화산은 인도네시아에 있어요.
1883년, 이 화산이 폭발했을 때 화산재 구름 때문에
전 세계가 캄캄해졌어요. 폭발 소리가
수천 킬로미터 밖까지 들렸지요.

화산에는 크게 세 종류가 있어요.

활화산
활화산은 언제든지 폭발할 수 있어요. 과학자들은 화산이 폭발하기 전에 사람들에게 미리 알릴 수 있도록 활화산을 자세히 지켜보고 있어요.

휴화산
휴화산은 언젠가 폭발하겠지만, 잠들어 있는 듯이 오랫동안 폭발하지 않는 화산이에요.

사화산
사화산은 과거에 폭발한 적이 있지만, 다시는 폭발하지 않을 화산이에요. 지금은 그냥 평범한 언덕이거나 산일 뿐이에요.

우르릉, 쿠르릉 소리가 들리면서 땅이 **흔들리기** 시작해요.
지진이 일어났어요!

일본은 세계 어느 나라보다도 지진이 많이 일어나요.

일본에서 지진이 일어나면 학교에서는 다음과 같이 행동해요.

몇 분간 경고 신호가 울려요.

푹신한 두건을 써서 머리를 안전하게 보호해요.

책상 밑으로 들어가 몸을 안전하게 보호해요.

흔들림이 멈추면, 여느 때처럼 모두 건강하고 평온하게 지내요.

**지진이 바다 밑에서 일어나면, 거대한 파도를 일으킬 수 있어요.
이것을 쓰나미라고 해요.**

쓰나미는 바다 밑바닥이 지진으로 흔들릴 때 물속 깊은 곳에서 시작돼요.

이 흔들림 때문에 파도는 더 커지고 더 빨라져요.

쓰나미는 제트기보다 더 빨리 움직여요.

파도는 육지로 올라가서도 계속 밀려가요.
아주 강력해서 나무와 건물도 부술 수 있어요.

사람들이 피해를 입지 않도록, 과학자들이 쓰나미를 주의 깊게 살펴요.

바다에 있는 감지기에서 쓰나미가 시작된 것을 알아챘어요.

삐삐 삐삐 삐삐

감지기에서 육지로 경고음을 보내고, 과학자는 사람들에게 위험을 알려요.

때로는 뜨거운 물이 지구의 지각에서 솟구치기도 해요.
이것을 **간헐천**이라고 해요.

이 간헐천은 **아이슬란드**에 있어요. 뜨겁게 끓는 물이 공중으로 높이 솟구쳐요.

영어로 '간헐천'을 뜻하는 geyser(가이저)는 Geysir(게이시르)에서 비롯되었어요.

게이시르는 아이슬란드 말로 '분출'을 뜻해요.

물줄기는 집채보다 더 높이 솟아올라요.

솟아올라

아이슬란드에는 간헐천과 온천, 화산이 많아요. 이곳에서 두 지각판이 만나기 때문이에요.

또 나온다!

55

지도 만들기

사람들은 대륙과 나라에서부터 거리 하나하나에 이르기까지 모두 다 **지도**에 담았어요.
지도를 보면 무엇이 어디에 있는지 찾기 쉬워요.

지구본을 보면 대륙, 나라, 바다가 어디에 있는지 알아보기 편해요.

지구본은 상상의 선인 위도, 경도, 적도로 나누어 구분해요.

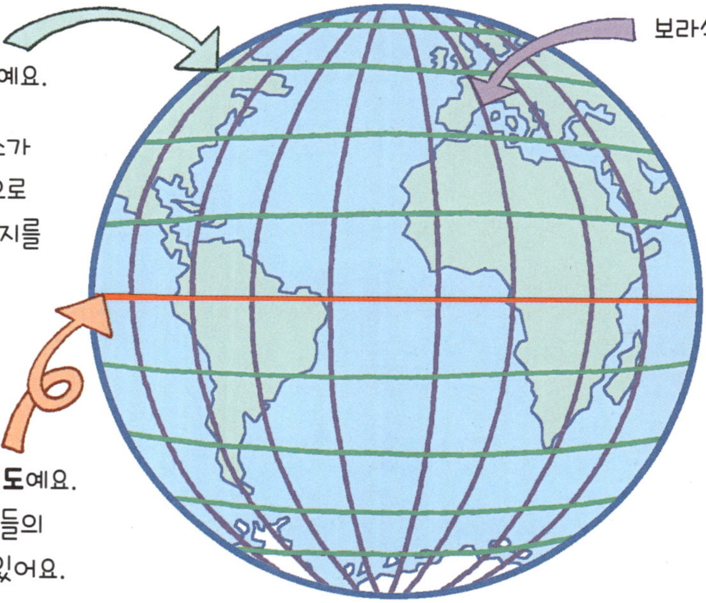

녹색 선은 **위도**예요.

위도는 어떤 장소가 **북쪽** 또는 **남쪽**으로 얼마나 떨어졌는지를 나타내요.

보라색 선은 **경도**예요.

경도는 어떤 장소가 다른 지역에 비해 **동쪽** 또는 **서쪽**으로 얼마나 떨어졌는지 나타내요.

61쪽에서 동서남북에 대해 좀 더 알아봐요.

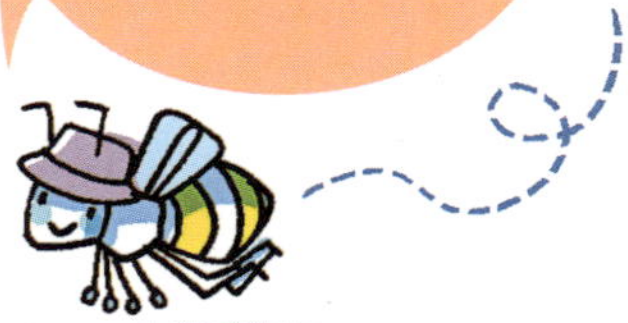

빨간색 선은 **적도**예요. 위아래 위도들의 **한가운데**에 있어요.

지도는 전 세계, 한 나라, 한 도시, 시골의 작은 지역을 나타낼 수 있어요.

때로는 지도책에 수많은 지도를 함께 담기도 해요.

사람들이 사는 곳은 도로나 집이 새로 생기기도 하고, 시간이 흐르면서 늘 변해요. 그래서 지도에도 끊임없이 새로운 정보가 반영돼요.

지도 제작자들은 최신 기술을 사용하여 지도를 정확하게 만들어요.

인공위성은 우주에서 지구 주위를 돌며 사진을 찍어요. 이 사진들을 이용해 지도를 만들어요.

영국 지도를 만드는 영국 육지 측량부는 날마다 10,000군데를 고쳐요.

Q. 아래 벌레들은 각각 어떤 지도를 보면 좋을까요?

1. 나는 프랑스로 자동차 여행을 갈 거예요!
2. 휴가 때 놀러 갈 나라를 찾고 있어요.
3. 우리 동네 수영장이 어디 있는지 알고 싶어요.

정답: ① B ② C ③ A

지도 읽는 법

지도에는 수많은 정보가 담겨 있어요.
지도를 읽는 방법만 알면, 우리가 어디에 있고 어디로 가고 있는지를 비롯해
많은 것을 알아낼 수 있어요.

지도는 선과 기호로 다양한 것을 나타내요.
어떤 의미가 담겨 있는지,
아래 지도에서 살펴보세요.

이 선은 **도로**를 나타내요.

큰길

작은 길

이런 부분은
건물을 나타내요.

파란색 선은 **강**을 뜻해요.

이처럼 넓은 초록색 부분은
풀이 나 있는 곳이에요.
나무 기호는 **삼림 지대**
또는 **숲**을 뜻해요.

지도에는 대부분 지도에 사용된 기호를
설명하는 **범례**가 있어요.

아래 범례를 보세요. 이 지도에서
아래 기호들을 모두 찾을 수 있나요?

 학교

 우체국

 병원

 구청

 다리

 산

 논

 밭

 과수원

이와 같은 가느다란 선들은
높이의 변화를 나타내요.
이것을 **등고선**이라고 해요.
언덕과 산 주위에서 많이 볼 수 있어요.

등고선 간격이
좁을수록 그 지역이
가파르다는
뜻이에요.

지도는 다양하지만,
지도마다 사용하는 기호는
대개 전 세계가 비슷해요.

지도를 보고 길을 찾아가려면,
몇 가지 정보를 더 알아야 해요.

축척

지도에서는 나타내려는 곳을 작게 줄여요.
줄이지 않으면 지도가 너무 커서 가지고 다닐 수 없을 거예요.
크기를 얼마만큼 줄였는지 나타낸 것이 **축척**이에요.

축척 1:20,000

0km　　　　1km　　　　2km　　　　3km

어떤 지도는 거리를 파악하기 쉽도록 정사각형으로 나누어요.

이 지도에서 정사각형은 한 변이 5센티미터로, 실제 땅으로는 1킬로미터를 나타내요.

이 말은 지도에서 1센티미터라면 실제로는 20,000센티미터와 같다는 뜻이에요. 그래서 축척을 1:20,000으로 표시해요.

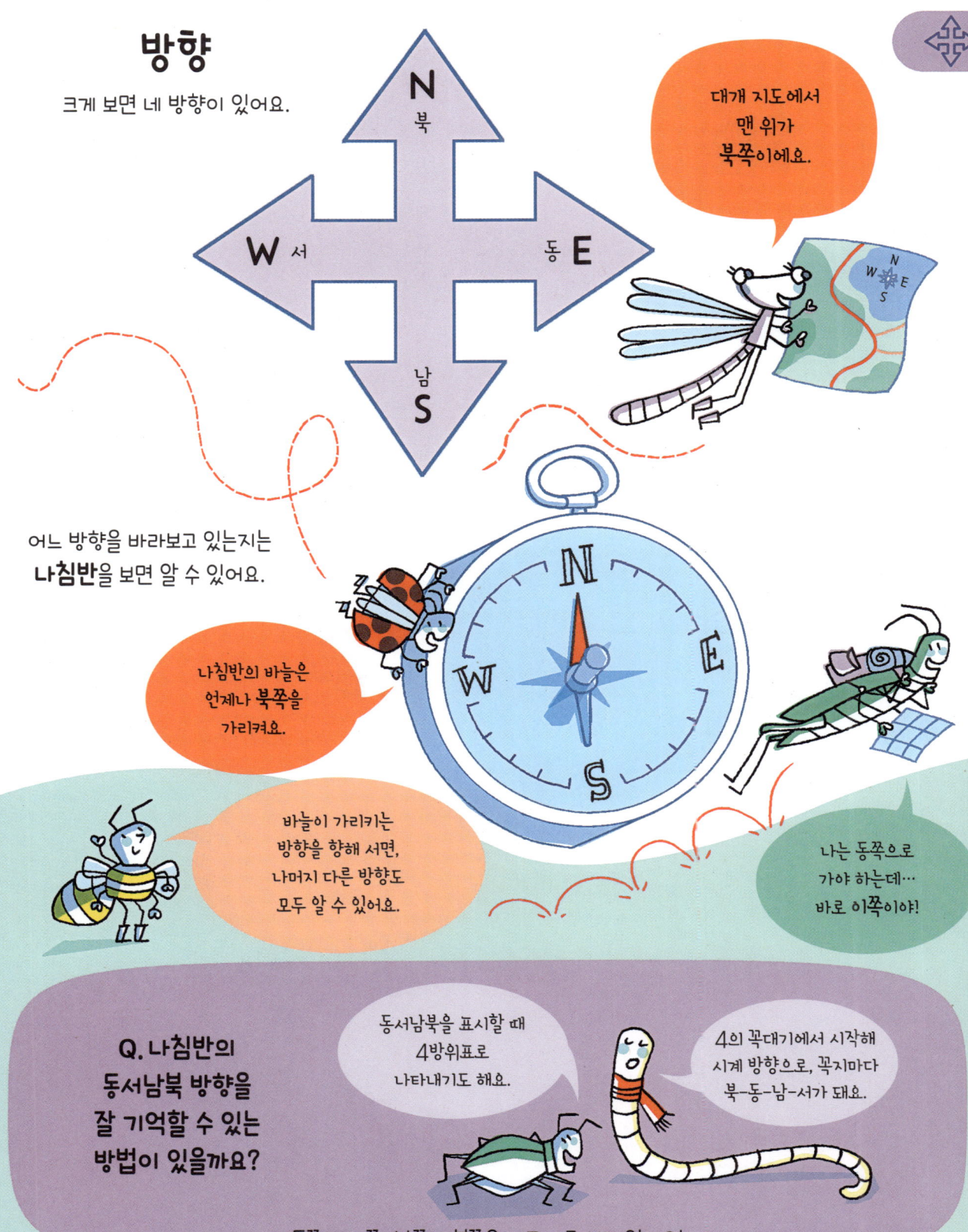

어디에 살고 있나요?

사람들이 사는 곳은 건물과 풍경뿐 아니라 날씨와 기후에 이르기까지 모든 게 함께 영향을 미쳐서 지금의 모습을 이루어요.

Q. 벌레들이 저마다 자기가 사는 곳을 설명해요.
누가 어디에 사는지, 아래 나온 그림에서 골라 보세요.

1 나는 세계에서 가장 바쁜 대도시 중 하나인 **멕시코시티**에 살아요. 우리 집에서는 자연을 전혀 볼 수 없어요.

2 나는 **두바이**라는 도시에 살아요. 정말 덥죠. 사막에 세워진 도시거든요.

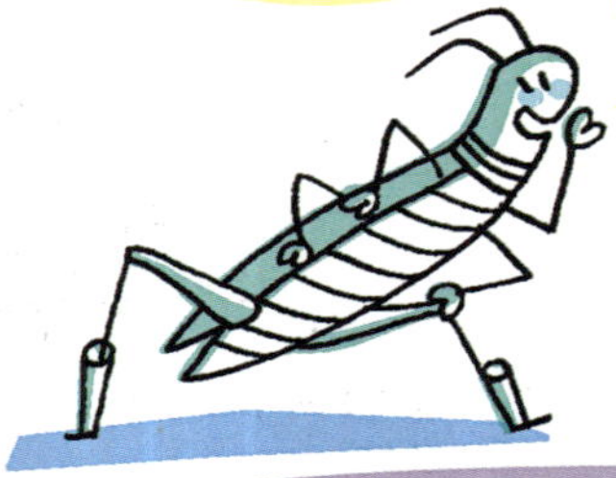

3 나는 **파키스탄**에 살아요. 거대한 산 아래 마을에 살지요.

4 나는 **모로코** 해안에 있는 오래된 작은 도시에 살아요.

A   B
C   D

정답: ① B ② D ③ A ④ C

여러분은 어디에 살고 있나요? 그곳은 어떤 곳인가요?
아래 질문을 보고 설명해 보세요.

어느 **나라**에 살고 있어요?

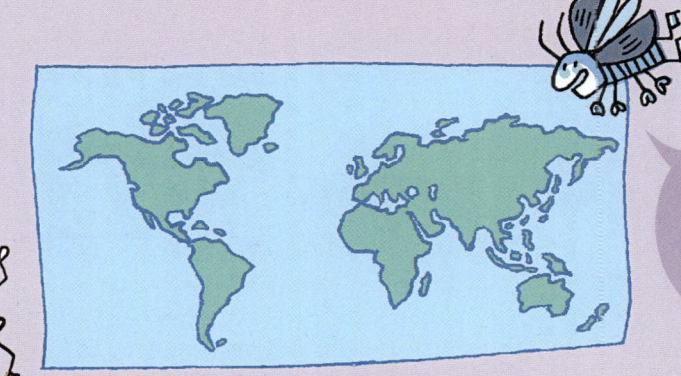

이 책의 앞부분을 다시 살펴보면, 질문에 답을 하는 데 도움을 얻을 수 있을 거예요!

어떤 유형의 **거주지**에 살고 있나요?

계절은 몇 가지로 나뉘나요? **날씨**는 어떤가요?

전원 지역?

대도시?

촌락?

중소 도시?

🔍 여러분이 사는 곳을 소개하는 포스터를 만들어 보세요. 여기 나온 질문들에 답하는 내용을 쓰고, 사진도 붙여 보세요.

어떤 **자연환경**이 가까이에 있나요?

산?

바다?

강?

언덕?

자메이카 킹스턴

63

지리를 연구하는 사람을 **지리학자**라고 해요.
지리학자들은 어떤 장소를 연구할 때 **데이터**를 수집해요.
여러분이 사는 곳의 데이터를 수집해 볼까요?

데이터를 수집할 때는 반드시 측정하거나 수를 세거나 계산하는 방법을 써요.

날씨

날씨를 일주일 동안 기록해 보아요.
건조했나요, 비가 왔나요? 더웠나요, 추웠나요?
날씨가 날마다 변했나요?

🔍 우량계를 직접 만들어서 비가 온 양을 측정해 보세요.

1. 다 쓴 페트병 윗부분을 조심스럽게 잘라요. 가위질을 할 때에는 어른의 도움을 받아요.

2. 윗부분을 거꾸로 뒤집어서 깔때기처럼 병 안쪽에 꽂아요.

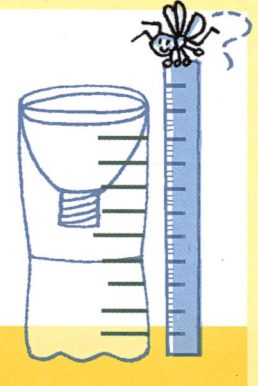

3. 자를 옆에 대고 병에 센티미터마다 눈금을 표시해요.

4. 우량계를 밖에 두고 비가 오기를 기다려요! 눈금을 보고 비의 양을 측정해요.

페트병이 쓰러지지 않게 둘레에 돌을 받쳐 놓아요.

야생 동물

동네를 돌아다닐 때 새를 몇 마리나 찾을 수 있나요?
하루 또는 일주일 동안 관찰해서 발견한 새의 수만큼 막대기를 그어 기록해 보세요.

여러 종류의 새를 볼 수 있을 거예요.

다른 동물들도 종류별로 표시해 보세요.

비둘기
큰어치
참새
오리

지도

길과 길 주변을 간단한 지도로 그려 보세요.

여러분이 사는 집에서 시작해요.

우리 집

집 앞에 나 있는 길을 그려요. 길이 갈라지나요?

길가에 있는 가게나 학교, 그 밖의 건물도 그려 넣어요.

가게

앨리스네 집

공원

근처에 못이나 개울 등이 있다면 파란색으로 나타내요.

공원이나 들판이 있다면 초록색으로 나타내요.

지구 환경 돌보기

지구는 아름답고 놀라운 것들로 가득해요.
하지만 우리가 잘 돌보지 않으면, 지구의 아름다움은 사라져 버리고 말 거예요.

다음은 잠자리가 지구를 여행하면서 본 모습이에요.
지구의 어떤 지역들은 심각한 위기에 빠졌어요.

플라스틱 천지예요

사람들이 플라스틱을 버리면, 그중 일부는 바다로 가요. 그러면 해양 생물에게 해를 끼칠 수 있어요.

나무가 부족해요

나무는 공기를 깨끗하게 하고, 많은 동물의 보금자리가 되어 줘요. 하지만 날마다 숲이 줄어들고 있어요.

집과 농장을 지을 공간을 마련하려고 나무를 베어 없애요.

쓰레기가 넘쳐 나요

지구에는 70억 명의 사람이 사는데, 그 70억 명이 날마다 물건을 버려요. 버려진 쓰레기가 계속 쌓이고 있어요.

너무 더워요

석탄과 석유를 태워서 에너지를 만들 때, 이산화탄소라는 가스가 나와요.

이산화탄소는 지구를 둘러싸고 열이 지구 밖으로 빠져나가지 못하게 해요. 그래서 지구가 점점 더워져요.

동물과 식물, 사람에게도 나쁜 일이에요.

얼음이 녹아요

지구가 더워지자 극지방의 얼음이 녹기 시작해요. 극지방에 사는 동물들은 살아남기 위해 발버둥 치고 있어요.

동물들이 위험에 빠졌어요

나무가 잘려 나가고, 기온이 점점 높아지면서 동물들은 먹이와 보금자리를 잃어요.

이런, 안 돼! 우리가 할 수 있는 일은 없을까요?

있죠, 아주 많아요! 우리가 어떤 일을 할 수 있을지, 이 책을 계속 읽어 보세요!

지구를 지키기 위해서는 어떻게 해야 할까요?
사람들은 여러 가지 방법으로 지구를 돌보아요.

나는 다양한 식물이 기후 변화에 어떤 반응을 보이는지 살펴봐요.

나는 태양 전지판을 만들어요. 태양 전지판은 오염 물질을 내보내지 않고도 태양광으로 에너지를 만들거든요.

우리는 국립공원을 새로 만드는 중이에요.

이곳에서는 아무도 나무를 베거나 집을 지을 수 없어요.

그러면 이곳에 사는 야생 동물들을 보호할 수 있지요.

울창한 공원
오늘 개장

나는 희귀 새를 연구해서 보호할 방법을 찾고 있어요.

나는 좀 더 친환경적인 에너지를 사용하도록 새로운 법을 제안할 거예요.

지구를 위해 **누구나** 할 수 있는 일을 소개해요.

지구를 지키는 방법

물 아끼기

물을 받아서 하는 목욕 대신에 간단히 샤워해요. 물 절약은 환경 보호에 큰 도움이 돼요!

물을 적게 쓰면, 물을 깨끗이 정화하거나 데우는 데 쓰는 에너지를 줄일 수 있어요.

빗물을 모아 두었다가 식물에 줘요.

에너지 아끼기

방에 사람이 없을 때는 불을 꺼서 전기를 아껴요.

추위를 느낀다면 난방 기기를 켜기보다는 옷을 더 껴입어요.

오염 물질 줄이기

자동차를 타기보다는 걷거나 자전거를 타고 이동해요. 그러면 대기 오염을 줄일 수 있어요.

아니면 대중교통을 이용해요. 우린 버스를 탈 거예요!

꽃식물의 씨앗을 심어요. 식물이 자라면서 이산화탄소를 흡수하고, 벌들에게도 도움을 줄 거예요.

물건을 함부로 버리지 말고 다음과 같이 해 봐요.

아껴 쓰기

물건을 아껴 써요!

정말 필요한 게 아니라면, 새 물건을 사지 않아요.

다시 쓰기

한 번 쓴 물건을 다시 사용해요.

또는 새로운 용도로 다양하게 재사용해요.

재활용하기

물건을 다 쓰고 나면, 새 물건으로 만들어요. 이것을 재활용이라고 해요.

필요 없어진 물건은 버리지 말고, 다른 사람에게 주거나 팔아요.

가능하면 새 물건보다는 중고를 사요. 그러면 버려지는 물건도 줄어들 거예요.

집에서 장바구니랑 물병도 챙겨 다녀요!

다른 사람에게 퍼뜨리기!

지구를 돌보는 방법을 다른 사람들에게도 알려 줘요.

가족들에게도 함께 하자고 말해요!

세상을 변화시키는 방법

우리는 모두 우리를 둘러싼 세상을 변화시킬 수 있어요.
다음과 같은 방법은 어떨까요?

모든 사람을 존중해요.

환영해요!

어떤 사람이든지,

여러분의 주변 환경을 돌보아요.

살아 있는 모든 것에 관심을 가져요.

집안일을 도와요.

제가 도와드릴까요?

여러분이 사는 동네에 도울 일이 있는지 살펴봐요.

지구에 사는 우리는 모두가 세계 시민이에요. 훌륭한 시민이 된다는 건 지구를 돌보고…

…다른 사람을 배려하는 사람이 되는 거예요.

어떤 종교를 믿든지, 어떤 생활 방식을 가지고 있든지 상관없어요.

쓰레기는 집으로 되가져가요.

자연을 존중해요. 식물을 함부로 뽑지 않고, 야생 동물을 괴롭히지 않아요.

규칙을 잘 지켜서 모두가 안전하게 지내요.

도움이 필요한 사람들을 배려하고 친절하게 대해요.

우리 모두 지구를 더 건강하고 행복하게 살아갈 수 있는 곳으로 만들 수 있어요.

세계 국기와 수도

이 책에 등장한 나라를 모두 모아 놓았어요. 각 나라 국기와 나라 이름, 수도를 알아보고, 몇 쪽에서 소개되는지도 확인해 보세요.

전 세계 나라 이름을 전부 보려면, '어스본 바로가기 (usborne.com/quicklinks)'에 방문해 보세요.

가이아나
조지타운
18쪽

노르웨이
오슬로
36~37쪽

그리스
아테네
13쪽

뉴질랜드
웰링턴
25쪽

남아프리카 공화국
케이프타운, 프리토리아, 블룸폰테인
21쪽

대한민국
서울
12쪽

네덜란드
암스테르담
24쪽

덴마크
코펜하겐
41쪽

네팔
카트만두
20쪽

독일
베를린
19쪽

러시아
모스크바
25쪽

브라질
브라질리아
18~19, 25쪽

말리
바마코
25쪽

사모아
아피아
16쪽

멕시코
멕시코시티
62쪽

수리남
파라마리보
18쪽

모로코
라바트
62쪽

스웨덴
스톡홀름
13쪽

미국
워싱턴 DC
14, 16, 44쪽

스페인
마드리드
19, 25쪽

베네수엘라
카라카스
18, 32~33쪽

아랍 에미리트 연합국
아부다비
62쪽

볼리비아
수크레, 라파스
18쪽

아르헨티나
부에노스아이레스
18~19쪽

세계 국기는 다음 쪽에도 계속 이어져요.

수도가 한 군데 이상인 나라들을 찾아볼까요? 앞장에서도 살펴보세요.

아이슬란드
레이캬비크
55쪽

에콰도르
키토
18~19쪽

에티오피아
아디스아바바
25쪽

영국
런던
21, 57쪽

우루과이
몬테비데오
18쪽

이집트
카이로
13쪽

이탈리아
로마
20쪽

인도
뉴델리
12쪽

인도네시아
자카르타
20, 51쪽

일본
도쿄
52쪽

자메이카
킹스턴
63쪽

중국
베이징
12쪽

칠레
산티아고
18쪽

캐나다
오타와
38~39쪽

파키스탄
이슬라마바드
62쪽

케냐
나이로비
30~31쪽

페루
리마
14, 18쪽

콜롬비아
보고타
18쪽

포르투갈
리스본
19, 34~35쪽

콩고 민주 공화국
킨샤사
45쪽

폴란드
바르샤바
42~43쪽

태국(타이)
방콕
25쪽

프랑스
파리
13, 57쪽

토고
로메
43쪽

핀란드
헬싱키
44~45쪽

파라과이
아순시온
18쪽

호주(오스트레일리아)
캔버라
15쪽

낱말 풀이

이 책에 나온 낱말의 뜻을 살펴봐요.

간헐천 뜨거운 물이 땅에서 높이 솟구치는 곳.

거주지 대도시, 중소 도시, 촌락 등 사람들이 사는 곳.

경도 지구의 극에서 극으로 이어지는 상상의 수직선들로, 어떤 장소가 동쪽 또는 서쪽으로 얼마나 떨어졌는지를 나타내는 데 쓰임.

계곡 산 사이에 가파르게 생긴 틈새.

계절 한 해 동안 날마다 비슷한 날씨를 보이는 일정한 시기.

극 지구의 북쪽과 남쪽으로 가장 먼 끝.

기후 일정한 장소에서 오랜 기간 나타나는 평균적인 날씨.

기후 위기 지구가 점점 뜨거워짐으로써 생기는 중대하고 나쁜 영향.

대륙 지구에 있는 주요한 일곱 개의 육지.

데이터 정보를 나타내는 또 다른 말.

등고선 지도에서 땅이 얼마나 높은지 나타내는 선.

마그마 땅속 깊은 곳에서 바위가 녹아 뜨거운 액체로 된 물질.

빙하 천천히 움직이는 얼음덩어리.

산호초 바닷속에 형성된 암초로 온통 산호가 붙어서 살고, 수많은 생물이 보금자리로 삼는 곳.

수도 한 나라의 규칙을 만드는 주요 기관들이 있는 도시.

쓰나미 바닷속에서 일어난 지진 때문에 일어나는 해일.

온대 기후 사계절의 변화가 뚜렷한 온대 지방의 기후.

온천 땅에서 뜨거운 물이 보글보글 나오는 곳.

용암 화산 밖으로 솟구쳐 나온 뜨거운 마그마. 또는 그것이 식어서 된 바위.

위도 지구를 가로지르는 상상의 수평선들로, 어떤 장소가 북쪽 또는 남쪽으로 얼마나 떨어졌는지를 나타내는 데 쓰임.

재활용 낡은 물건을 새 물건으로 만들어서 다시 쓰는 것.

적도 지구 한가운데를 지나가는 상상의 선.

정부 한 나라를 책임지고 담당하는 사람들의 집단.

지각판 지구 표면의 지각을 구성하는 거대한 조각들.

지구본 지구를 본뜬 작고 둥근 모형.

지도 다른 것과 비교해서 무엇이 어디에 있는지 나타낸 그림.

지리학 세계를 연구하는 학문.

축척 지도에서 얼마만큼 줄였는지를 나타낸 것.

태풍 따뜻한 바다에서 형성되어 거대하게 소용돌이치는 폭풍우.

해안 바다와 땅이 만나는 곳.

현장 조사 정보를 수집하기 위해 밖에서 조사하는 일.

화산 마그마가 솟구쳐 나올 수 있는 지구 지각의 입구. 또는 그 결과로 생기는 구조.

화석 연료 태워서 에너지를 만드는 석탄, 석유, 가스 같은 물질.

화폐 한 나라에서 쓰이는 돈의 종류.

찾아보기

다음 단어가 어디에서 나왔는지 찾아볼 수 있어요.

ㄱ

간헐천 55
강 7, 13, 14, 33, 58, 63
계절 42~43, 44~45, 63
교통 26~27, 28~29
국기 19, 20, 74~77
극 6, 10~11, 13, 15, 16, 41, 44~45, 67

ㄴ

나라 18~21, 74~77
날씨 40~47, 64
남극 10~11, 15, 16, 45
남극해 10~11, 16~17
남아메리카 10, 14, 18, 32~33
농장 24~25, 66

ㄷ

대서양 10~11, 16~17
대양 10~11, 16~17
데이터 7, 64
도시 12~14, 21, 22~23, 62~63

ㅂ

북극해 10~11, 16~17
북아메리카 10, 14, 38~39

ㅅ

사막 13, 15, 31, 62
산 5, 12, 14, 20, 36~37, 39, 49, 51, 62
산호초 16, 37
섬 15, 16, 20, 34
숲 15, 33, 38, 66
쓰나미 54

ㅇ

아시아 11, 12
아프리카 11, 13, 25, 30~31, 43, 45
언어 19, 20
얼음 8, 15, 16~17, 37, 40, 67
열대 우림 14, 32~33
오세아니아 11, 15
유럽 11, 13, 20, 34~35, 36~37, 42
인도양 11, 16~17

ㅈ

자연환경 30~39, 63
재활용 71
적도 41, 43, 56
전기 28, 46, 70
정부 18, 21
지각판 48~49, 51, 53, 55
지구본 6, 41, 56~57
지도 6, 10~11, 56~61, 65
지도책 56~57
지진 48~49, 52~53, 54

ㅌ

태평양 10~11, 16~17, 51

ㅍ

폭풍우 46~47
플라스틱 66, 69

ㅎ

호수 14, 39
화산 48~49, 50~51, 55
화석 연료 29

한국어판 1판 1쇄 펴냄 2022년 6월 1일 | 1판 2쇄 펴냄 2023년 3월 31일
옮김 신인수 편집 김산정 디자인 황혜련 펴낸곳 (주)비룡소인터내셔널 전화 02)6207-5007 팩스 02)515-2007
한국어판 저작권 © 2022 Usborne Publishing Limited
영문 원서 All You Need to Know about Our World By Age 7 1판 1쇄 펴냄 2022년
글 앨리스 제임스 그림 스테파노 토그네티 디자인 앨리스 리즈 외 감수 페니 콜트만
펴낸곳 Usborne Publishing Limited usborne.com
영문 원서 저작권 © 2022 Usborne Publishing Limited

이 책의 영문 원서 저작권과 한국어판 저작권은 Usborne Publishing Limited에 있습니다. 저작권법에 의하여 한국 내에서 보호를 받는 저작물이므로 무단전재와 복제를 금합니다. 어스본 이름과 풍선 로고는 Usborne Publishing Limited의 트레이드 마크입니다.